KB211216

낙서와 캘리 그리고…

낙서이야기

윤필 이종재

도서출판 **제이비**

서 문
.
.
.
.

얼마나 '감사하다'는 말을 하고 살아가는가!

시화집 『낙서이야기』는 그 동안 필자의 밴드 페이지 〈낙서와 캘리 그리고...〉에서 필자를 아껴주고 졸작의 그림과 캘리그라피를 좋아해주시던 모든 분에게 감사의 마음을 전하고 싶어 출판하게 되었다.

돌아보면 그랬다.

이 『낙서이야기』가 출판되기까지 그리고 그림에 대한 필자의 열정과 관심을 적극적으로 자극받기까지 많은 시간이 요구되었다. 그림을 그리고 싶은 마음은 과거의 그 시간에 멈춰져 있다.

어린 시절 몹시도 그림그리기를 좋아했던 필자의 기억 속에는 그림에 대한 향수가 짙다. 아직도 그 시절의 열정을 떠올리면 어두운 밤하늘에 또렷하게 떠오른 별들인 양 가슴을 두근거리게 한다.

'그저 낙서처럼 끄적거리는 수준일 뿐인데.'

아직은 누구에게도 보여줄 실력이 되지 않는다는 심리적 위축으로 열정 뒤에서 용기가 웃고 있었다. 그림의 노출을 위한 마음가짐은 용기 못지않게 뻔뻔함도 아울러 지니고 있어야 했다. 하지만 그것은 필자에게 어울리지 못 했다.

'누가 내 그림에 그리고 캘리그라피에 지적하면 어떡하지!'
여전히 망설임으로 혼자서만 그리고 감사하는 것에 그치고 있었다.

어느 날 부터 낙서를 하나씩 페이지에 보관하기 시작한 후 생각하지 않은 반응을 만났다. '좋아요', '좋다'라는 표정을 남기거나 댓글을 올려주는 독자들을 보면서 필자는 어설프나마 공개하기를 잘했다는 것보다 '에이 아니네' 하는 무관심의 반응이 없었다는 데 안도감으로 가슴을 쓸어내렸다. 순전히 필자의 소극성에 따른 것이나, 그만큼 필자는 생업에 매진하면서 세상에는 어두웠다. 가끔 순진하다는 소리에도 적극적으로 대응하지 못하는 것을 보면 이는 맞는 것 같다. 이것이 어린 시절 그토록 하고 싶었던 그림을 하지 못했던 것은 아닌가 하는 아쉬움을 주었다. 안타깝지만, 쏟아 부을 만큼의 열정과 관심은 있는데 이에 접근할 용기는 가슴에 묻어야 했다. 여전히 그러한 마음으로 그리고 나름대로 정성을 들인다고 하는 지금에도 『낙서이야기』에 대한 출판은 상당한 격려 속에 이루어지게 되어 사천여 〈낙서와 캘리 그리고...〉구독자님들께 무한한 감사를 올려야 한다. 진정 감사드린다.

먹구름을 가르고 내리는 한 줄기 햇살은 희망이다. 필자가 아는 것은 그랬다. 전에 없는 코로나(Covid 19)로 인해 사람과 사람 사이의 거리가 더 멀어지는 이때에 이제라도 필자의 어눌한 글이 아주 작고 적은 것일지라도 재능의 기부가 이루어지는 데 따른다. 아주 작으나마 이러한 사회적 위기를 극복하는 데 보탬이 되고 싶은 바램도, 이 지면을 빌어 필자의 소망으로 넣고 싶다.

사실, 살아보니 별 것도 없지만, 별 일이 아닌 것은 없다. 꿈 같은 날은 없었다. 있을 리도 없지만, 그렇다고 아주 없는 것도 아니었다. 꿈은 쫓는 것이고 꿈을 향하여 가는 길이 곧 꿈에 도달하는 것이었다. 지나간다고 하여도 지금의 삶에서 가슴 뭉클하게 담아있는 아름다운 추억이 있었다면 그것은 이미 꿈이었고, 그 꿈을 꾸고 있다면 아련한 행복 속에 사는 것이 된다. 필자가 어눌하고 어설프나마 시화와 캘리를 통해서 보다 많은 분들에게 전해주고 싶은 것은 이것이다. 눈여겨 보지 않아도 피어나는 작은 풀꽃처럼 필자의 작품이 그렇다고 하더라도 필자는 많은 분들을 위해서 최선을 다해 열심히 작품을 만들 것이라는 약속을 한다.

돌아보면 필자에게는 모두가 감사할 투성이다.

열정과 관심 뒤에는 도도할 만큼의 용기가 필요했고, 그 용기 뒤에는 격려와 칭찬이 필자에게 커다란 거름이 되었다. 2020년 어느 날 우연히 작품들을 모아두기로 하여 만든 밴드 페이지에서 보여준 것이 그랬다. 관심으로만 사는 것이 아니었다. 이를 겉으로 나타내어 마음을 표출하는 것이야말로 이타적인 통로를 향하여 나아가는 길이다. 필자는 아직도 재능이 탁월하거나 걸출하다고 믿지 않는다. 다만, 격려 속에 이루어진 소극성에도 얼마간의 용기를 더하여 이루어진 이 『낙서이야기』가 나오기까지 한 번 더 〈낙서와 캘리 그리고...〉구독자 분들에게 감사드리며, 캘리그라피를 함께 하는 '독학 캘리그라피 밴드' 회원님들, 한국시산책문인협회 이담 정항석 회장님, 시에 대한 길을 열어준 주웅규시인님, 가벼운 필자의 호주머니를 위해서 기꺼이 출판을 맡아준 도서출판 제이비(Jb) 대표 김순희님 그리고 낙서와 같은 그림에도 필자에게 언제나 힘이 되어준 아내(김은경), 준섭이와 혜인이에게 고마움과 감사를 잊을 수 없다.

2021년 1월
윤필 이 종 재

Content

우리는 휴식이 필요하다

그립듯 그리고
새기듯 칠하고
잊은 듯 지우면
덩그러니 낙서 한 장
내 손에 남아있다.

倫匹 李鍾在

시크릿가든

시간 따위 녹슬어도
아무런 상관이 없는 세상
적당한 크기로 만들어진 그림 속에
지금을 감춰두고 하늘만 바라본 것 같다

엽서 하나 썼다 지웠다
그림 하나 그렸다 지웠다
여기저기 남긴 마음속 흔적들, 추억들
하늘에 날리는 풀잎 사이로 모두 던져 버렸다

눈을 감았다 떴을 때
시간은 이미 어둑한 거리를 달리고
쏜살같이 지나버린 하루
낙서만 남아서 정지된 시간
녹슨 시계는 삐그덕 움직이고 있었다

시간 따위
녹슬어도 상관없는 세상
적당한 크기로 만들어진 그릇속에
거름을 감춰두고 하늘만
바라본것
같다

하늘에 띄우다

풀잎 하나 꺾어다
하늘에 띄운다

바람 타고 날아가서
구름 속으로 사라질 줄 알았는데
허공을 한 바퀴 돌아서
시냇물 위에 살며시 내려 앉는다

이 풀잎
풀 내음 한번 훅 들이키고
하늘에 띄우고자 꺾었는데
맑은 물 위에 띄워져 흐르길래

그런 줄 알았다

시냇물에는
파란 하늘이 비치고
그 하늘에 띄워져
유유히 흘러가서
점점 사라지고 있다

처음 보았다
풀잎이 알려준
하늘에 띄워진 내 모습을

처음 보았다
풀잎이 알려준
하늘에
띄워진 내
모습을

잡초

바람을 타고 다니다
한 번이라도 땅에 닿았을 때
촉촉한 흙내음에
아늑하고 햇살 좋은 숲속이면 더할 나위 없을 텐데

어느 외딴집 담벼락도 싫지는 않다
적당히 이끼를 머금은 틈새도
충분한 여유를 피울 수 있고
혼자만 유유자적 고개들 수도 있다

하필 아스팔트 위에서
달리는 자동차 바퀴에 밟힌다 해도
또 다른 도롯가 흙더미에 던져주면
도시의 산만함을 온몸으로 날리며
사는 듯 죽는 듯 그렇게나마 살 수 있는데

바람아
안쓰러움 버리고
머나먼 곳으로 데려다 주기만 한다면
더는 지나쳐도 상관없다.
밟혀도 살아갈 수 있는 생명을
운명으로 태어났다

사랑아
아쓰러운 버티고
어나먼곳으로
데려주기만
하다매
더는러나쳐도
박시과였다
부딪혀도 살아갈수있는
생명을 운명으로
태어
났다

빨간 구두 Ⅰ

부끄러워 발만 바라보았나
맑은 물 위에 비친 모습이
물 그림자에 흔들려
모습이며
목소리 이름 나이
어느 것도 생각나지 않는다

떠도는 조각 하나 집어내면 너무 작아서 버리고
다시 하나 맞춰보면 너무 큰 탓에 버리고
발로 쓱쓱 지워도
빨간 구두가 또렷한 그 이유를
도무지 알지 못하겠다

하나 둘 무너지는 기억
틈틈이 튀어나오는 빨간 구두
검은 고무신 한 켤레 두고
조각 맞추는 그 아이도
어디서 쓱쓱 지우고 있을까

검은고무신
한켤레두고
조각맞추는 그 아이도
어디서 쓱쓱
지우고 있을까

종이재 필씨

노안

안경 하나가 옆에서 나를 본다
다리 하나 접고 빤히 쳐다본다
부쩍 잦아지는 모양새가
적응이 되지 않는 듯
옆에 바짝 붙어서 달아나지 않는다

사십여 년을 한 몸으로 살았는데
벗어서 옆에다 툭 던져놓고
한참을 거들도 보지 않다가
애처로운 표정을 지었더니
다시 콧등에 얹어주고 좋다고 키득 데는 모습이
안경테의 구석구석 때만큼 그늘진 눈가
예전엔 벗으면 보이지 않던 것이
점점 더 벗어야 보이는 것들이 생겨난 터라
이제 조금씩만 못 본 척 살자 하니
너도 그렇고
나도 그렇고
이젠 조금씩 더 두꺼워질 필요가 있겠다

예전에 비하면
나이가 앞뒤로 이리저리
벗어야 되는 것들이
생겨날 터라 이리
조금씩만 맞보지 말자하니
너도 그렇고
나도 그렇고
이제 조금씩터
두꺼워질 낱말깨
있겠다

인연

가로줄을 그으려는데
대각으로 그려진 검은 줄
생각과 다른 방향이라 모른 척했다

골목을 반듯이 가야는데
걸쭉한 이 몸은 손이 닿는 까칠한 벽을 더듬어
우측으로만 접어들고 모른 척 걸었다

하늘을 향해 날렸는데
허공을 한 바퀴 휘 돌아가더니
돌아볼 틈 하나 없이
네 집 담 너머로 사라졌고
그런 적 없다 모른 척 창을 닫았다

모른 척했는데
아닌 척했는데
이미 편심 진 마음은
그대가 있는 그곳을 향하는
억겁의 인연이었나

낙서 이야기

낙서는 비름박에
석분 하나만으로도 충분하다

땅따먹기하던 흙바닥에 작대기 하나만으로도
골목 또래들 모두를 그릴 수 있었고
분필 하나면 학교 변소 다섯 번째 칸 벽에
욱이는 지야를 좋아한다
흙 같지 않은 흙으로 독한 냄새를 지웠고
사회책에 이십일 페이지 우측 맨 아래부터 시작한
로켓은 다음 페이지 그다음 페이지를 지나면서
조금씩 위를 향해 올라
책갈피를 휘리릭 넘기면
책을 벗어나 우주로 사라졌다

어느 날
흐르는 세월 따라 희석된 기억이
문득 추억으로 떠오른 날
욱이와 지야 소식이 궁금해진 그리움이
스스로 되돌아왔다가 이내 사라진다

그 시절 그 로켓은
추진체를 모두 소모하고 우주 속을 떠돌며
다시 소환되길 바라고 있을 텐데
기억은 점점 더 지워져 가는 낙서일 뿐이었다

그 시절 그 로켓은
추진체를 모두 소모하고 우주 속을
떠돌며 다시 소환되길
바라고 있을 텐데
기억은 점점 더 희미해져
가는 낯선 일
뿐이었다

하루살이

나도 가야지
하나 떨어지고 둘이 떨어지고
이리 흩어졌다 저리 모이는
맑은 갱빈 지나서 저어한 곳으로
돌아올 걱정 없이 사라져도 좋을 운명
기진맥진 달려보면
턱에 걸린 들숨
잠시 쉬어 나오는 한숨
가야지 가야지
뒤돌아보는 그 순간에
미련만 한 돌에 걸려 넘어지고
발목에 감긴 연줄이 똬리 틀고
일어나지도 못한 채 하늘만 바라볼까

하늘이 참 깊이도 고여있으니
목이라도 축여야겠다

나도 가야지
하나 떨어지고
둘이 떨어지고 이리 흩어졌다
저리 모이는 많은 기쁨
리나서 러어한 곳으로
돌아올 걱정없이
사라져도
좋을 운명

등산로

처음 이 길을 만든 이는
숲을 걸었으리라

화들짝 놀란 숲은
푸른 바람을 불러서 사그락 소리 지르고
붉은빛 어여쁜 새 한 마리 날리고
여기저기 툭툭 도토리를 떨궜겠지

처음 숨이 턱에 걸렸을 때
그는 알았을까
세월이 지날수록
흙 위로 도드라져 여기저기 드러난 뿌리가
야위어진 어머니 손등의 얇은 피부 속 핏줄처럼
볼수록 앙상한 그곳을 악착같이 딛고 서서
바닥만 바라보며 지친 제족을 띄고 있을 것을

처음 이 길에서도
샛노란 나비 두 마리 동행했을까
새파란 하늘이 보였을까

처음
이곳에서도
샛노랑나비두마리
동행했을까
새파란하늘이
보였을까

종이에 쓰다

글의 자존심

글은 사람을 가린다

바짓가랑이 붙잡고 질기게 따라다니다가
하나하나 떼어내면 슬며시 사라지고
깊은 밤 행복한 글 그리워
까슬한 편지지 밤새 점 하나 찍게 만들고
물든 낙엽마다 하나씩 널렸다가
주워들고 책갈피에 두었더니
추억만 키워놓고 앞으로 나서질 않는다

구겨진 편지지에 남아서
휴지통으로 처박혀도 소리 한번 지르지 않으니
해묵은 시집 한 권 꺼내서 먼지 탈탈 털어도
낙서만 지저분하게 남아서
빙긋이 웃게 만드는 글이

아마도 사람을 가리나 보다

살아가기

하필 그 방향을 고집했을까
수면에 너무 맑은 하늘이 내려서
차가울 물속 일 줄은 미처 몰랐을까

그곳을 향한 나름의 삶이
숨 쉴 수 없는 진흙에 묻혀 시커멓게 삭아 들고
물 위에 겨우 잔가지 몇 개 띄워
초록빛 호흡이 거품을 피우고 있어
축축한 심장이나마 쉼 없이 뛰고 있겠다

다행이다
나이테 한 줄 그을 수도
다시 하늘을 향할 수도
낙엽이 지는 날에도
너무 서글퍼 보이지 않는 날을
상상할 수도 있겠다.

살았으므로
아직은 꿈을 피울 수 있지 않겠나

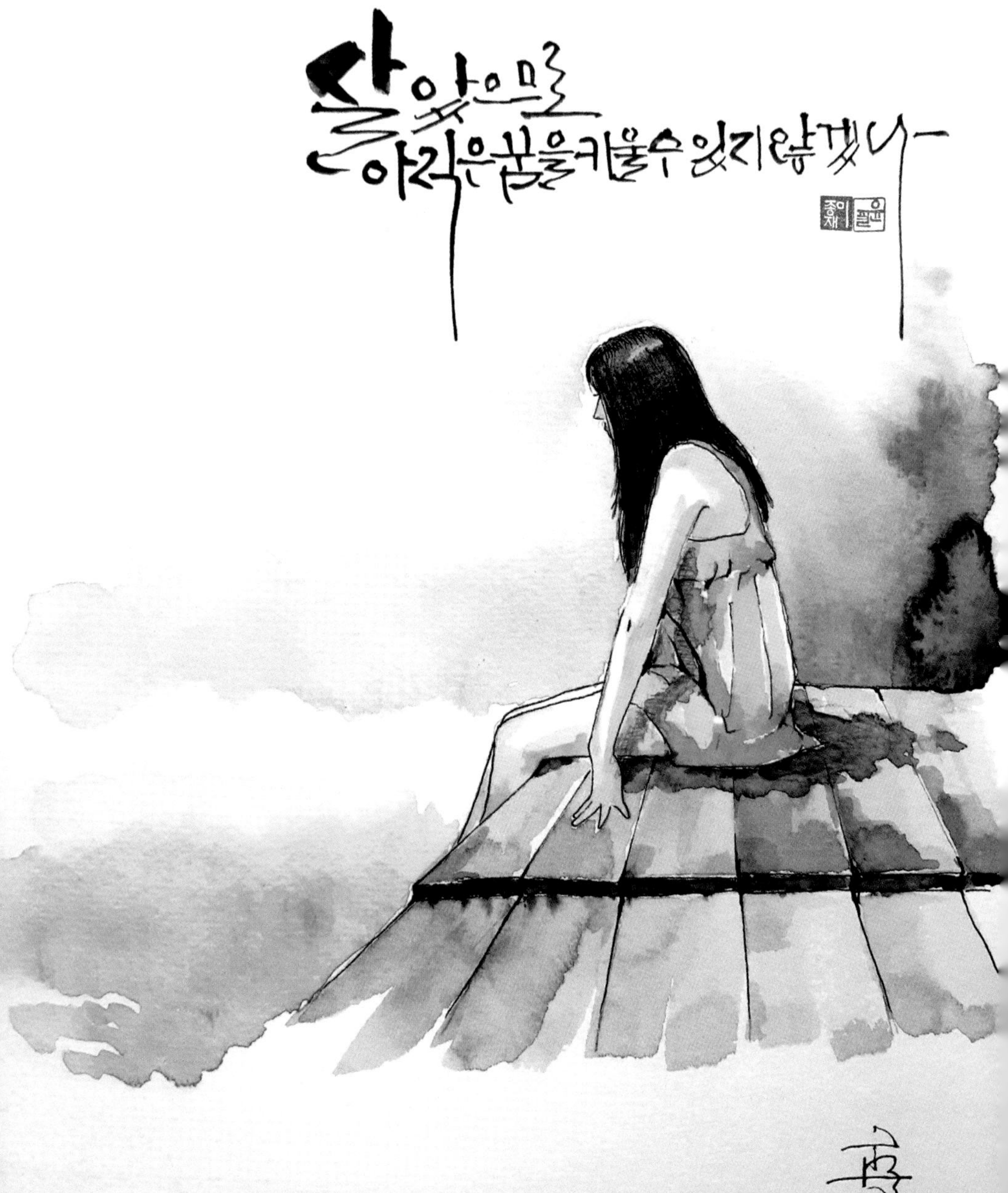
살았으므로
아려운 꿈을 키울수 있지 않겠나

쉽고 어려운 말

묵묵한 삶을 살아가는 시절
툭툭 주고받던 말들이
일상에 묻히고 굳어져서
오래된 장롱의 삐걱거림에 지나지 않습니다

고생 많았다면 보고 웃고
수고했다길래 보고 웃어주고
그저 웃음 한 번으로
되돌아오는 메아리일 뿐입니다

당신을 사랑합니다
이 말 한마디를 못 합니다
이렇게 쉬운데
이렇게 어렵습니다

당신을
사랑합니다
이 말 한마디를 못합니다
이렇게 쉬운데
이렇게 어려워
습니다

아래로 흐를 그때쯤

돌아가지 못했던 슬픔이
기다리는 세월만큼 깊을까

당신을 떠나온 하늘에
문득 떠올려지는 추억이라면
때마침 들리는 노랫소리에 섞여
흥얼대는 순간에 이미 사라지고 없다

하나
지겹게 기다리다 흐드러진 그 공백은
구석구석 멍 뚫린 쥐구멍 같고
살아도 살아도 희미해질 줄 모르는
조그만 티눈으로 남아 아파도 모른 척 산다

삶이 아래로 흐르고
시선이 아래로 가라앉은 시절에야
티눈은 삭아서 아프지 않고
푹 절은 추억을 끄집어내고도 웃을 수 있다

웃을 수 있는 이유이기도 하다

앙이아기를하고
젊은시절이아래로까라앉은
시림에야 티눈을 담아서
아프지않고 푸르우 추억을 끄집어
내고도 웃을수있다
웃을수있는 아이
이기도하다─

불투명 한 날

투명한 물이 붉다

낙서 같은 수채화에 가을 하나 그리면
팔레트 물통 스케치북
붉은색이 온통 투명한데
풍경 속의 가을만큼은 아닌 듯하다

붉음에 붉음을 덧칠하면
해맑던 물색이
아래서부터 어두워지고
하나둘씩 투명한 조명이 꺼지며
어느샌가 탁한 구정물 같은 색을 흘리고 있고
화상을 입은 환자가 된 스케치북
낙서는 이미 수명을 다했고
풍경에 깊이 빠진 감정은
구정물에 녹아 물통에 담겨있다
낙서로 끝냈어야 했는데
눈을 감지 못했고
그치 누르지를 못했다

붉음에
붉음을 덧칠하면
하얀 바탕색이 아래서부터
어두워지고 하나둘씩
투명한 조명이
꺼진다

종이
재
오
쓰다

초심

이미 기울어버린 중심
애타고 있을 맨 아래 버팀목

조금씩은 잊힌 듯
새로운 것들만 쌓여가는 고도
삐딱하게 기울어 한쪽으로 겨우 버티고 있을
오래된 시절의 힘겨움

쌓이고 또 쌓여가다
넘어지지 못한 피사의 사탑은
아마도
평생을 지나고서도
틀어진 지축의 운명을
눈치채지 못하겠지

줄 하나만 건들어도 툭 자빠질 때
맨 아래 부르쥔 표정
버틴 세월의 눅눅함에
일그러지고 찢어져
눈물이 뚝뚝 떨어지는 초지(初志)

초심
이미 기울어버리 주신
애타고 있을 매아래
버림모

그 숲

숲이 깊은데
들어서는 모습이
예전에 보았던 그 모습이다

삶의 이력쯤은
아주 작은 나뭇가지에 지나지 않고
깊고 쓰라린 기억은
썩은 낙엽에 묻혔는지 흔적도 없다
아직도 남은 인연의 끈적함으로
온전히 들어설 수 없는 운명이라 돌아섰으나

묻어둘 낙엽 한 소쿠리 모았다가
어깨 가벼운 그날이 되면

숲에 남겨놓은
아득히 그리운 추억 그 속에
온전히 들어설 수 있는 그날이 오면

돌아오지 않아도 좋을 것 같다

아득히
그리운추억 그속에
온전히들어설수있는
그날이오면
돌아오지않아도,
좋을것같다ㅡ

추억은

얼핏 지나간
기억이 아름답다

얼핏 스친 풍경처럼
또렷했던 기억이
희미하게 지워지면
아름답지 않은 것은 사라지고 없다

그즈음부터 추억이 된다

일까지나
풍경처럼 또렷한
기억 어렴풋하게
지워지며
아름답지 않은 것은
사라지고 있다
그즈음부터
추억이
되다

물 마중

힘들었나요

천년처럼 흐른 하루가
캄캄한 터널을 막 지난 듯
눈을 뜨지 못하는 당신

화살보다 빠르게 달리다
채 따라오지 못한 혼마저 빠트리고
겨우 하늘 한번 바라보며
긴 한숨 뿜어내는 당신

녹록지 않았던
하루의 끝으로 마중을 나갑니다
가다 보면 이내 웃고 있는 당신

하루는 저물고
어깨에 짐 따위 애초에 버리고
제대로의 하루를
이제 시작합니다

여름밤

한 여름밤
창 너머로 불어주는
가느다란 바람이
기다리면 오지 않고
잊을 때면 다시 오고
아예 창을 닫아버릴까
기다리는 것 따위
잠들어 버리면 그만인데
끝까지 닫지 못하는
이 오지랖

그루터기

당신은
울창한 숲에서
유수한 세월을 따르며
한시도 쉬지 않고
그렇게
그렇게
살았을 겁니다

이제
모든 것을 나눠주고
뿌리만 남겨진 당신은
아직도
내게 남은 기둥이며
휴일 같은
그늘입니다

아직도
내게남은
기둥이며
훗일같은 그늘
입니다

기억의 틈

지우며 사는 게 아닌가
채우기만 한 것들이
사방에 널브러져 뒤 섞여 있어도
어느 것 하나 버릴 수 없는 사심
찾아도 찾아도 보이지 않는
기억 한 조각 속 그 파리한 이름 하나가
이미 지워진 거 같은데

애써 위로하는 나이만큼
원래 지우며 살았다고
토닥이는 그 이름

애써
위로하는 나이만큼
원래 지워져 살았다고
토닥이는
그 이름.

항상

힘들고 어려운 일은 있다.

이런 궁리 저런 고민
흘러간 시간만큼 점점 쌓여 들어
짓 엉켜진 이것들이 삭아 들지 않고
고인 웅덩이에 삭은 낙엽처럼
가슴에 찐득하게 고인다.

웅덩이야
삭은 낙엽 하나 건지면 그만인데
세월에 걸쳐진
지방 덩어리 같은 응어리는
적당히 외면하며
돌아누울 도리밖에

아마도
가랑가랑하던
응어리가 사그라들 때쯤

그때쯤 혹시
행선지조차 잊어버리고는
머리에 꽃 한 송이 걸어 두고
하늘이나 바라보며 살아갈까

그대를
머리에
꽃 한송이 꽂아두고
하늘이나
바라보고
살아갈까

종이재 이글램

오일장

걸쳐진 인연 하나
겨우 기다리던 그림자가
갈수록 길어지는 난전

저무는 계절이 고개 숙인 틈으로
돼지 꼬리 배배 꼬여 있길래
실없이 웃다, 떠들다
새까만 봉지 가득 정 담아 돌아서는 길모퉁이
뿌리 훤히 드러난 노송 한 그루 밟혔다

듬성해진 장터에 길게 그려지는 세월이
얼마나 지났을지 가늠도 안 되는
소쿠리 속 감자 다섯 알

닷새 후
사각이 밟히는 하얀 서릿발에
소복이 정 담아 쌓여 있을까
하얗게 잊힌 눈밭에
산산이 흩어져 버릴까

짧아지는 노을에 길어지는 그림자
점점 더 시린 바람 속에
인연인 듯 까만 봉지 걸쳐 들고
웃음 웃으며 담아내는 감자 다섯 알

쏟아지는
노을에
걸어지는 그림자
... 바람 속에,
이 연인 듯 까만 봉지
... 들고
웃음웃으며 담아내는
깔깔대싯
알

출근길

길 속에 묻힌 시멘트 가루 위에 선
회색빛 황망할 풍경은
탄생을 비하하는 선 위에서
넘었다가 되돌아왔다가
죽었다가 아쉬웠다가
보도블록 사이마다 고개 흔드는 민들레

차마 이어 붙지 못한 틈 사이로
모래알 같은 잔정을 타고
쌓이는 치석처럼 살짝씩 틈을 키우더니
조금씩 어긋난 치아가 시린 날
밟히지 않고 노랗게 피우다
하얗게 털어버린 앙상함
두고두고 시리게 남을 이 틈을
매울 수 없어 딱딱하게 굳어가는 보도블록

이 길을 삶으로 다니는 내가
밟아서 아픈 건지
그저 아픈 척 밟고 있는 건지
피할 수 없는 운명처럼 하루를 지르밟는다.

너를 그리다

햇살에 빛나는 보석이
새벽이슬 머금은 맑은 낯빛으로
이제야 빼꼼히 내다보다
나를 보고 소스라치게 놀란 듯

웃음소리 잦아들고
총총 바라보는 붉은빛이
세상 처음 보는 낯선 이를
보는 듯, 안 보는 듯, 곁눈질인 듯

새침하게 바라보는 맑은 눈
게슴츠레한 구경꾼의 눈에는
몸서리치는 신맛으로
발그레한 사탕 같은 단맛으로
이미 입안을 흥건하게 고였겠다

너를 그렸네
그림 속
투명하게 반짝이는 유리알
붉은 조명이 눈부시게 빛나는 것이
석류를 닮았구나

너를 그렇게
그 안속 투명하게
반짝이는
우리알
붉은 조명에
눈부시게 반짝
이는 게이
석류를
닮았구나-

오수

조금씩
목마름에 취했던
그 시절 따스한 돌담 아래
세상 달콤한 한낮의 추억

그날의 그리움이 두툼하게 쌓여
얼근하게 취한 아버지를 찾았더니

따스한 햇볕 아래
꾸벅꾸벅 졸고 있는 들꽃 한 송이

편안히 기대고 있는 비석 앞에 놓인
탁배기 한 모금으로 목을 축였나 보다

양지바른 오후라 목이 타기도 했겠다

조금만

목마름에 취했던

그대결의 따스한 돌담아래

세상달콤한

한 낮의 추억

사라진 것

어린 시절
마을 어귀 들어서면
초록 융단에 물 잔뜩 머금고
사방에 늘어진 가지마다
작은 기다림을 묶어놓은 새끼줄
바람을 불러오는 휘파람이
은근히 우렁찬 당산목 아래
동네 지성을 모아둔 돌탑 사이에도
한 줌 햇살에 풀 한 포기 자랐다

다시 찾은 마을은
새끼줄이 삭아서 기다려 주는 이 없고
살얼음 비치던 정화수의 정성이
돌탑을 대신한 정자에 떨어진 낙엽처럼 뒹구는데
물먹은 융단도
휘파람 소리 우렁찬 당산 목도
깊이 내린 바위인 듯 침식된 자국만 있을 뿐
사람들은 낙엽처럼 쌓이지도 못하고
싸리비에 쓸려서 보이지 않는다

정자 아래서 자라난
한 줌 햇살에 풀 한 포기
너는 어찌 남았나
나는 어찌 남았을까

저자
아래자라나
하춘햇살에
풀꽃포기 터는 어찌남았나
나는 어찌
남았을까

종이
재이필

천상가을

속 깊은 하늘에
나 하나 빠뜨렸다

낙서 한 장 남기고
가을에 푹 담갔으니
데리고 간다면 그뿐인데

큰 한숨 한 번에
소스라치게 달아날까
미소만 머금고 하늘에만 살짝 남긴다

천상가을

속깊은 하늘에 나하나 빠뜨렸다
가을에 푹 담았으니 데리고 간다더니 그뿐이더
큰 한숨 한번에 소스라치게 달아날까
마음만 여그고 하늘에만 살짝
남기다

시월

눈을 떠보니
너는 보이지 않고
다녀간 흔적만 남았더라

시월,
눈을 들어보니 너는 보이지 않고
다녀간 흔적만 남았더라-

아프고 또 그리울 뿐

눈을 감았을 때
가을이 눈앞에 있어
더는 감고 있을 수 없었다
차라리 바라보면
참으로 아름다운 계절이
느껴보면
아프고 또 그리울 뿐

눈을감았는데
가을이눈앞에서있어
더는감을수없었다
차라리바라보면
차오르는아름다운계절인
느껴보면
아프고
그리울뿐

코스모스

여름에도 피었는데
가을에만 보인 이유가
가냘픔이 유독 갈바람에 날려서
호젓이 가는 이의 동행인 듯
물결처럼 다가와서일까

파란 하늘에 어울려
더 깊게
더 푸르게 만드는 꽃잎을 타고나서
이제야 눈에 들어온 것이
앨범 속에 보관 중인
연애편지 같은 추억을 닮아서일까

분홍빛 혹은 보랏빛, 하얀빛
그렇게 파랗게 날리는 계절
지천이어도 곱지 않은 게 없이
가을 깊숙이 손을 이끌고
자꾸만 걷자 한다

아직도 남은 여름의 미련을
발 딛는 곳마다 조금씩은 있고
조금씩은 없고
조금씩은 익었고
조금씩은 삭아 드는 동안
얼마지않을 이 꽃향기를
어디에다 간직해야 하나

아직도 남은
여름의 미련을 받는
곳마다
조금씩 웃고
조금씩 웃고
조금씩 웃었고
조금씩 살아가는 동안
얼마만큼을
이 꽃 향기를
어디에 다 간직해야
하나

애틋하다

애틋하다.
너를 보면 그렇다
두꺼워진 손목이 그러하고
하얘진 머리카락이 그러하고
눈가의 그늘이 점점 더 짙어져서
감추려 애쓰는 모습이 그러하고
도저히 놓을 수 없는
당신이라
더욱더 그렇다

아득하다
너를 보면 그렇다
두꺼워진 손톱이 그러하고
하얘진 머리카락이 그러하고
누가의 그늘이 점점 더 길어져서
감추려야 쓰는 모습이 그러하고
도저히 놓을 수 없는
당신이라
더욱더 그렇다-

다함님숯대장풍라조

마음 거리

멀지 않은 목적지가
점점 멀게 느껴지는 건
차가운 세월에 물러섰던 거리가
마음마저 조금씩 멀어졌을까

빗물이 하염없이 내려서
자꾸만 거리를 흩트리고

그치기만 기다릴 수 없어
마음속 지도 한번 펼쳐보고
지름길을 찾아 빗길을 나선다

다행히 지름길을 찾아서
그대가 웃을 수 있다면
아슬하게 떨어진들
마음마저 멀어질까

나 울 개 비
가 을 길 을
쫓 아 서 그 대 가
웃 을 수 있 다 면
아 슬 하 게 떨 어 진 들
마 음 마 저
떨 어 질 까

가을이면

애절한 바람이 곁을 지나는데
뒤돌아보지 않을 수 있나

옷깃을 살짝 흔들고
손등의 스치는 그동안
이미 걸음은 멈추었고
손잡을 준비를 마쳤다

덤덤해져도 이상하지 않을 세월이 지났고
절절함에 주눅 들지 않을 여유
이제는 돌아서 손잡아도
아파하지 않을 두꺼운 굳은살

그러나
돌아보는 순간 이내 푹 잠겨서
숨도 쉴 수 없는 애절한 바람
가슴으로 훅 들어오는 계절의 가혹한 비수
가을은 어쩔 수 없이
지독하게 슬픈 낙서를 하게 한다

애린한
바람이
곁을지나는데,
뒤돌아보지
않을수있나

종이 붓
재 펜

가을은 참 맑다

참 맑다
이 한마디는

바람 한 점 고운 풍경 울릴 때
낮은 오솔길 따라 물소리 바짝 뒤따를 때
발자국 따라 낙엽 하나 바스락 흩어질 때
한 다발 국화꽃 봉오리 사이에 만개한 꽃 한 송이
깊숙한 하늘에 이슬 뿌릴 때
붉게 물든 길 속에 호젓한 걸음 묻힐 때
시리게 푸른 마음속 가을이 물들 때

그때
맑지 않은 건
입김 서린 안경 너머의 풍경밖에 없다
(2020년 가을 코로나)

가을은
참말다~
그대맑히않은거이깝버리
야경너머의풍경밖에
얶다~

해당화

고운 꽃잎이 떨어지면
해풍은 서글퍼 파도를 만들까

살며시 떨리는 이파리 사이로
꽃잎이 남겨둔 아쉬움이 남아서
붉은 얼굴 반쯤 내밀고
빙긋이 웃고 있다

파도가
슬며시 왔다가
실없이 사라진다

고운
꽃잎이
피어지면
햇
풍은
너를떠
파도를
만들까

흰 꽃 그리기

하얀 종이에 그리는
흰 꽃은
마음으로 그린다

이리저리 물길 따라
초록으로 흐리다 말고
비워진 여백을 마음으로 채우면
그곳은 꽃이 되고 그림이 된다

하얗게 남겨놓은 도화지에
마음이 그려놓은 해맑음이
단아하게 피었다

하얗게
남겨놓은 도화지에
마음이 그려놓은 해맑음이
담아하게
피었다

내일

오늘을 배웅하러
문밖을 나섰더니
저만치서 달려오는 내일
오늘 수고 많았다
한번 안아주는 여유만큼
잠시 기다려주는 내일을
지금 만난다

오늘을 내일하려
무엇을 다잃더니
저만치 달려오는 내일
오늘 수고많았다
한 번 안아주는
어미같은
잠시 기다려주는
내일을
지금만나다

지금은

슬퍼도
지금은 울지도 못하겠다

하염없이 뿌리는 빗물에
이미 젖어있는 마음
아직도 커지는 서글픔

여름이
내내 슬퍼만 하다가
문득 떠나버리면
다가올 계절은
또 얼마나 헤맬까

햇살에 웃고 싶을
계절의 애틋함 때문에
지금은 울지도 못하겠다

햇살에
웃고싶은
계절의 애틋함때문에
지금은 울지도
못하겠다

당신의 꽃

원래 당신 겁니다.
마음속에다 두고두고 담았는데
이제야 꽃을 피워
지금 드리는 것이 오니
기쁘게 받아주세요

원래 당신 겁니다
제 마음으로 피웠으나
매일매일 당신이 주신
그 사랑으로 꽃피웠으니
이렇게 아름답습니다

원래 당신 겁니다.
살아온 세월의 흔적
고스란히 남은 모습을
굳이 감추려 애쓰지 않아도
나는 꽃만 보입니다.

이 꽃은 당신입니다

원래 당신입니다
살아온 세월의 흔적이라고 그리 한 히
남은 모습을 굳이 감추지 않아도
나는
꽃만 보입니다

산사

빗물이 맑힌 풍경이
눈이 부시도록 맑은 산사에
작은 절간 그늘마다
한 사람씩 우두커니 합장하고
물 흐르는 소리에 시름을 버리는 사이

가끔 휘돌아 나가는
투영한 바람 따라
손위에 나뭇잎 그늘이
지척인 듯 선명하게 날리고
풍경소리 해맑은 그림 한 폭 남겼다.
댕그랑댕그랑

풍경소리
해맑은
그림한폭
담겼다

강(江)

강물은 초록이다.
흐르는 내내
풍경을 하나로 품고 흐르다
경계를 넘어서면

파란 하늘이 내려앉고
구름을 대신한 나뭇잎이
고운 색 담아 날리는 날
계절이 바뀌고
이내 물색도 바뀐다

강물은
사계절 모두를 품고
알맞은 색으로
강둑을 걷는 나그네의 세월처럼
가슴을 휘저으며
잠시도 머물지 않는다.

나그네 잠시 땀 훔칠 때
등 뒤로 흐르는 세월이
강물을 다그치고 있다

때마침 한 줄기 바람이 불어
이네 따라나서는 나그네

강물은
아래로 흐르고
알맞은 새으로
가득을 걷는 너의의
세월처럼
가슴을 쥐켜 펴며
잠시도 머물러
않는다

연(蓮)

한여름 가만한 바람에
혹여 하나둘 떨어질까
연잎은 옷깃을 여민다

빗방울 한 방울도 용납하지 않고
고이도 지켜온 것이
세월의 덧없음에
떨어지고
또 떨어지고

연밥만 남을 그즈음
낡은 깃이 된 잎으로
비바람 막아줄 힘조차 사라진 채
분홍빛 순정을 애절히 그리고

그대는
떨어진 꽃잎조차 사랑스러웠음을
절대로 잊을 수 없다.
내 품에 우뚝 서 있고
내가 물속으로 사그라지지 않았고
우리의 계절은 아직도 남았다

그대는
떨어진 꽃잎조차 사랑스러웠음을
절대로 잊을 수 없다
내 품에 우뚝 서 있고
내가 물속으로
너 그려지지 않고
우리의 계절은
아직도 남았다

그즈음

쌉싸름한 보이차가
일회용 종이컵에
꼬리표 하나 붙이고 자맥질 중이다

몇 번을 우렸는지
종이컵은 눅눅하게 젖었고
번져있는 찻빛은
아주 연한 검은빛만 맴돌아
향기도 거의 나지 않는다

무엇을 기다리는 것일까

찻봉지는 고민에 빠져
남은 영혼마저 내어놓을 듯 흔들어대고
눅눅한 컵에서는
조금씩 창백한 땀방울이 스며도
아랑곳하지 않더니

이제야
마지막 한 모금 머금고
차곡히 쌓여있는 종이컵 맨 위에다 올려놓는다

쌉싸름한 그리움을
또 하나 맨 위에 쌓아 두었다
돌이키다
지우다
모두 닳아 사라질 그즈음에

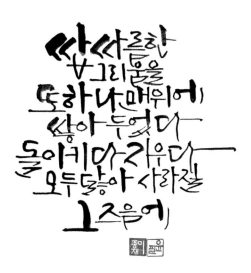

후회

가벼운 걸음으로 산을 오르다
숨이 턱에 걸리는 곳은
희한하게 어중간한 곳이다

내려가기 아깝고
올라가기 힘들어
어떤 날은 오르다 후회하고
어떤 날은 뒤돌아서서 후회하고

차라리 가벼운 걸음으로
평지나 걷다 오면 괜찮은 줄 알았는데

후회 없는 하루가
후회스러운 이 변덕을
사는 내내 반복할 줄은 미처 알지 못했다

후회없는
하루가
후회스러운 어제들을
가는 내 내일 너므 찰줄은
이처 알지
못했다~

숫대락가다향님 사진참조

가을에 비가 내리면

가을비는 콧등을 시리게 하더군요
딱 한 방울만 떨어진 거 같은데
차갑게 식혀버린 체온으로
몸서리치며 떨고 있을 때
또 하나가 날려서 바람 따라 날아갑니다

이렇게 상쾌한 바람이 아직도 웃는데
차가운 마음만 더욱 시리고
길 떠나는 나뭇잎이 이토록 어여쁘면
이내 축축할 가지마다
눈물만 그렁그렁합니다
가을비는 차갑게 내리는데
소복한 낙엽은 철없이 떠돌아서
울고 있는지 웃고 있는지
그저 갈바람 따라 흩어집니다

당신은 왜 아래서 우산도 없이
우두커니 서 있는지 물어봐도 될까요
설마 나 때문인가요

길 떠나는
나뭇잎이 이토록
어여뻐며
이내 축축할 가리마다
눈물만 그렁그렁
합니다

겨울 익히기

무성한 외투를 버리고
속가지들만 앙상한 채
하늘을 가리고 있는 가로수길
텅 빈 벤치에 깡마르게 흩어진 낙엽이
차가운 한기 속으로 날아갈 바람 앞에서
온몸을 잔뜩 움츠린 내가
풍경 속에 소품처럼 서 있다

눈이 시리고
마음마저 얼어붙는 곳에 남겨진
이 어정쩡한 모습은
커피 한 잔의 따스함을
온몸으로 보듬을 수 있는
겨울 속 뜨거운 한기에
조금씩 조금씩 익숙해져 가는 것일까

눈이 내리고
마음마저 얼어붙은 곳에 남겨진
이 어정쩡한 모습이
커피 한 잔의 따스함을
온몸으로 받을 수 있는
겨울속 따뜻한 하기에,
조금씩 조금씩 익숙해져
가는 것일까

가을들녘

들녘에 황톳빛 물결이 이는 날

세상 가장 향긋한 바람이 깨운
알알이 탐나게 익은 벼 이삭의 군무
따가운 햇볕을 온몸으로 품었고
짓궂은 태풍을 힘겹게 이겨 냈으니
바람에 실린 단춤은 넘치도록 향긋하다

향기 뒤에 숨은 허수아비
입안에 오물대는 쌀알이 가을을 보태고
쌀밥이 운명처럼 익어가는 풍미
하늘이 더욱더 푸른 날

늘 다시 오는 가을 들녘에서
하염없이 깊어지는 계절 타고
하루하루 두터워져 가는
나잇살 같은 낙서장을 채운다

서글픈 계절

여름에 지친 더위가
등줄기를 타고 흐르다
문득 이는 바람 한 점에 사라져버렸다

보풀 핀 허물 벗고 물 한 모금 마시면
더위에 서글픈 여름이
그제야 다시 보인다

잠시 눈을 감았었나
제대로의 여름이 잠시 스친 듯했는데

여름에 더친 더위가
등줄기를
타고 흐르다
무득이는 바람 한 점에
사라져 버렸다
제대로의 여름이
장렬스런듯
했다

물방울

아이스 아메리카노 한잔
주위를 감싸고 맺힌 이슬이
주르르 흘러 바닥에 고였다가
건조함에 조금씩 스며들어 사라지고
다시 고이는 맑은 물

다가서 바라보는 내가
물방울에 비친 나를 보고 그제야 알았다

너도 참 많이 그리웠구나

머가서
바라보는 내가
울가을에 비친나를
보고그제서야
너도참 알았어
지난이
그리웠구나

부레옥잠

수면에 둥둥 떠다니다
머물고 싶은 곳에 자리 잡고
한시름 푹 놓고 살았구나

맵시 고운 버선발에 꽃 한 송이 수놓고
먼발치서 훔쳐보던 선머슴
설렘에 가슴 뛰게 했으니
가만히 놓아두면 달아날까
작은 연못 안에다 네 세상 만들어주고
내 세상 안에다 감추어 두었더니
어느새 정화수 맑은 물빛 피우고
불 꺼진 밤이면
속 깊은 정성 담은 은은한 달빛 위에서
시라도 읊고 있나 보다

눈치챘을까
밤마다 가만히 훔쳐보고 있는데

라은
연못 안에, 다
네게 상 만들어 주고
내게 상 안에다
갖추어
두었다

시절

기억 저기쯤
비어있는 울타리에
장미 한 송이 그려서
그대의 기억 바로 옆에 놓아둡니다

소싯적 드리지 못했던
그 꽃입니다

소식을
드리지
못했던 그 꽃
입니다

찻집

한적한 길에
고운 찻집을 만나
작은 설렘에 이끌린 낭만
드르륵 문을 열면
다(茶) 향 가득한 추억이 넘쳐
작은 공간이 나를 묻힌 듯
어느새 친근한
벽 한 귀퉁이에
끄적끄적 낙서를 하고 있다

차리

하력이 건더끝에 고운
차리를 마나 같은 실려에
이끌려 드르륵 들어서는
수가 다 향기 가득한
그 어이 넌처 같은 공간에
문화 붓 어나 사리 그한 변차 귀통이에
꼬령이 려 나 나를
하고 있다 —

그대인 이유

모진 바람에 날리지 않는
그대라는 인연의 버팀목

물 타지 않은 진실을
그대 손에 쥐여주고
수십만 리 낭떠러지를
뛰어넘어도 두렵지 않은

어느덧
그대는
나는
운명이 되어있었다

동성로에서

너에게 가는 이 길이
나에게 오는 그 길이
하필 동성로 한가운데에서 만나
오가는 인파 속에 섞여서
스치듯 지나버린 것일까

가다 돌아보고
다시 그곳에
가득 찬 사람들 틈 속에서
너 하나 만날 수 없었던 거리

화려한 동성로에서
스치듯이 지나간 너를
지나버린 그 세월이
얼굴마저 희미하게 지우고 있다
너를 하얗게 칠하고 있다

너에게
하늘이라고
다가게
오는 길이
하필 돌섞로
한가운데에서
만나 왜는
인파 속에더더어서
스쳐듯 지나버린
것일까

황태덕장

묵묵히 견디는 시간 속에
살갗은 조금씩
검버섯 피어나듯 거칠어지고
보이지 않던 실금이 깊이 패어 가는 것은
차가운 한겨울 밤
시린 손끝에 고드름 맺고
밤새 가라앉은 서리가 코끝에 쌓여도
한낮에 녹여줄 햇빛 하나 기다리며
이래저래 버티는 삶인지라
꾸덕꾸덕 말라가는 황태 한 마리 쳐다보고
거칠고 깊이 팬 손등은
아마도 잘 익어가는 뜻이라
억지 같은 의미하나 부여하고
그저 묵묵히 살아가는 세월에
포근히 눈이 내려 감싸 안아 주기를
멀리서 바라보고
나를 바라보게 한다

포근히
눈이내려
감싸·안아
주기를

여유

멍하니 바라보는 하늘에
바람이 가져다주는 홀씨 하나
여유로운 구름에 어울려
한가롭게 떠다니더니
어느새 감쪽같이 사라져가고
그 틈새로
하나둘 따라가는 구름 그림자
찻잔이 비워져 가는 만큼
딱 그만큼씩 사라져가는 여유
다가오는 현실
딱 그만큼의 오늘이 지나가고 있다

맑음

하늘이 참 맑은 날
끝도 없이 푸른 날
긴 들숨에
갓 맑은 하늘을 담고
한없는 날숨에
꽃잎 하나 날리는
수채화 한 폭에
그림처럼 남겨놓을
맑은 누리에 내가 서 있다
참 푸른 날이다

순정

흰 머리카락을 헤아리다
한숨처럼 칭얼대는 당신은
거울 속의 모습에 보이지 않는
삼십 년을 지나도록
하나도 변하지 않는
내 눈 속의 거울을
당신께 보여주고 싶다

당신이 지난 모습 따라
바라보는 내 눈도 함께 발맞췄으니
그때나 지금이나
한결같은 당신이
거울 앞에서 칭얼대지 말고
내 눈이나 볼 것이지

당신이
지난 모습따라
내 눈도 함께 발맞췄으니
그대 나의 눈이다
하 짧은 인연이
거울 앞에서 정열 마지말고
내 눈이다
볼것이다

지고지순

너무나 가벼워
쉬 떨어져 부서질까
조심조심 그렸습니다

가장 가벼운 물질에
물감은 스스로 흐르고
간힘에 으스러질까
아마, 숨도 쉬지 않은 듯합니다

도화지에 순하게 물들어
얼룩덜룩한 큰 벽에 남긴 흔적이
이제야 숨 몰아쉬는 내 삶 속에
지워지지 않을 자국을 꾹꾹 찍으며
숨을 고르고 있습니다

가끔 웃기도 합니다

퇴색된 벽 한쪽 귀퉁이에다
떠나보내도 좋을 그림을 그립니다
아직도 조심스럽게
아직도 사랑스럽게
어여삐 날아가 버릴 홀씨 속에다 걸었습니다

퇴색된 벽
한쪽 귀퉁이에다 떠나 보내도
쪽을 그리움 그리며다~
아직도 조심스럽게
아직도 사랑스럽게
여여삐 날아간
를새속에다
집었습니다~

영지사

가면 간다고
오면 온다고
세속에 걸친 인연들이 만든 걸쭉한 입담이
거치적거리지 않은 적 없다

가면 안 볼 듯
오면 안 갈듯
상처도 되었다가
붕대도 되었다가

가지 않고 오지 않고
깊은 산중에 그렇게 살았으면
오가는 연줄 끊고 그렇게 산다면.
내가 낸 생채기를 흙에다 문지르며
멍하니 허공만 보고 있을까?

풍경소리 뒤로하고 되돌아오는 길에
인연이 웃으며 손을 잡아끌었다

풍경소리
위로하고
되돌아
오는길에
인연이 웃으며
손을잡아
끌었다

청승

푸른 하늘에 푹 담긴 고요한 산사
툇마루 그늘에 허옇게 물든 먼지가
하릴없이 뒹구는 낙엽 아래 태산처럼 쌓여있다
한 오백은 거뜬히 묵었을 것들이
단 한 번의 한숨에 모두 날아간다면
까짓 세월쯤은 새털처럼 가벼울 텐데
천 번을 한숨짓는 삶은 흩어진 먼지가 되고
비가 내리는 그날에
흔적도 없이 스며들어 보이지도 않겠다

옛적에
툇마루에 걸터앉아
바람 지나는 소리만 들었을 중생이
한숨에 씻기지 않는 먼지 사이에 남아서
그저 지나면 그만이라
자꾸만 비우라는 한숨만 쉬고 있었겠지

겨우 수십 년 쌓인 연민에 고개 숙인 청승을
툇마루 아래 수백 년을 서글프게 울고 있는 귀뚜라는
무너진 억장을 그렇게 차곡히 쌓았을까

청수

겨우 수십 년 살아온 이 몸에, 고개 숙인
청순을 담아 아래 수백 년을 슬프게,
울고 있는 귀뚜라미 무너진 억장을 그렇게
차곡히 담았을까~

빨간 구두 Ⅱ

그 시절은
밤새도록 얘기할 수 있습니다
그만큼 그립고
아팠고
곱게 물들었으므로

나뭇잎처럼 떨어져 버려
얼굴은 떠오르지 않고
빨간 구두만 생각나는데도
밤새 이야기 할 수 있습니다

잔잔한 호수에 던져진 돌이라
밤새 흔들리는 물결을 만났다면
들어주는 이 하나 없어도
붓 하나에 낙서장 하나 있으니
세월쯤 거슬러 갈
이유가 충분합니다

붓 하나에
、 날러랑 하나있으니
내일쪽 거슬러갈
이유가 충분
합니다ㅡ

밤빛

창밖에 비가 내리더니
불 꺼진 한낮의 어둠이
얼룩진 천정을 타고 천천히 흐른다

우에서 좌로
밝은 부분을 따라 시선이 흐른 곳
희미한 밝음 속 애매한 그림자가 흔들리고
기억과 다른 세상 안에
그림을 그리는 도화지

번지기만 하고
그려지지 않는 꿈을 꾸는 건지
점점 더 어두워지는 흐린 날에
왜 조명을 켜지 않았을까

겨울 표정

풍경은
무채색으로 갈아입고
파란 하늘마저 하얗게 보이는 날

한낮의 거리는
낯빛 차가운 표정으로
낡은 낙엽만 허공에 맴도는 날

그 먼 곳에서
길 한번 잃지 않고 찾아와서
어느새 가을이 남긴 풍경을
하나둘 지우는 날

눈이라도 내리면
따스한 차 한잔 들고서
차가운 너를 녹이며
어느새 다정한 표정으로
소담스러운 이야기 나누는 날

따스하게 시린 날
차갑게 뜨거운 가슴 되는 겨울 어느 날

따스하게 시린날
차갑게 뜨거운 가슴이되는
겨울
어느날

초판 인쇄_ 2021.01.14
초판 발행_ 2021.01.18

저   자_ 倫匹 李 鍾 在
발행인_ 金 順 熙
편   집_ 제이비디자인
발행처_ 도서출판 제이비
주   소_ 전주시 덕진구 서가재미1길 18-5
전   화_ 063-902-6886
이메일_ jb9428@hanmail.net

ISBN 979-11-969978-5-4
값_ 12,000원